智慧之书

482条令人终身受益的院士箴言

中国科学院学部院士文库项目组◎编

科学出版社

北京

内 容 简 介

本书摘选了 1955～1980 年间当选的中国科学院院士及两弹一星功勋奖章、国家最高科学技术奖、诺贝尔奖获得者中的中国科学院院士（共计 482 位）的名言佳句 482 条。通过院士们饱含智慧的语言，集中反映了院士群体人生旅途中闪现的思维之光，全面而简洁地呈现出院士群体的爱国情怀、使命意识、担当精神、治学方法、学术风范和人生追求等。

本书为有志于从事科学研究的青年学子、科技工作者乃至广大公众提供一个走进院士、了解院士的渠道，使广大读者在阅读和思考中感受人生智慧、获得生命启迪。

图书在版编目（CIP）数据

智慧之书：482 条令人终身受益的院士箴言/中国科学院学部院士文库项目组编. —北京：科学出版社，2020.1

ISBN 978-7-03-063041-4

Ⅰ.①智… Ⅱ.①中… ②中… Ⅲ.①箴言-汇编-中国-现代 Ⅳ.①H136.33

中国版本图书馆 CIP 数据核字（2019）第 251033 号

责任编辑：侯俊琳 朱萍萍 / 责任校对：韩 杨

责任印制：赵 博 / 封面设计：有道文化

科学出版社 出版

北京东黄城根北街 16 号

邮政编码：100717

http://www.sciencep.com

北京厚诚则铭印刷科技有限公司印刷

科学出版社发行 各地新华书店经销

*

2020 年 1 月第 一 版 开本：720×1000 1/16

2025 年 1 月第六次印刷 印张：13 1/4

字数：200 000

定价：58.00 元

（如有印装质量问题，我社负责调换）

序言

纵观人类发展史，科学技术的进步在产业结构、国防安全、人民生活质量方面均可产生重大影响，进而改变世界的基本格局。同时，科学也是人类文化的重要组成部分，影响着人们的思维方式、创新精神等诸多方面。对于各领域的大师，外行并不必“读”他们在专业领域的具体贡献，仅他们科技报国的信念、敢于担当的情怀、独到精深的学术思想和人生感悟，就是一笔值得分享的宝贵精神财富。

老一辈大师的逐渐远去，意味着新一代的成长。而当下的部分年轻人，虽然也做出了一些成果，却面临着难以获得“高格愉悦感”的困惑。如何避免趋于功利化，过分关注经济利益或个人荣誉奖励，也是年轻学者需要学习的问题。所以我常说，教育应该在精神层面上回归教育本身的高尚。作为教育工作者，我希望当下的青年可以多一点历史感，更多地感悟中国传统的“士人精神”，这既是对传统知识分子理想生命存在方式的概括，同时也具有很高的审美价值。

在现代技术的挑战下，教育更多地转向传道意义上的智慧教育，即授人以渔，以传授思维方式为主的教育。这种转变与其说是变革，还不如说是高等教育的某种回归，回到更加注重智慧传授的教育，回到中国人说的传道。本书的出版，或许就是这种传统回归的一个良好模板。

本书全面而简洁地呈现了中国科学院院士群体的爱国情怀、使命意识、担当精神、治学方法、学术风范和人生追求等。希望本书的出版能为有志于从事科学研究的青年学子、科技工作者乃至广大公众提供一个走近院士、了解院士的渠道，使广大读者在阅读和思考中感受人生智慧、获得生命启迪。

2019 年是中华人民共和国成立 70 周年，在实现中华民族伟大复兴“中国梦”的进程中，科技创新是推动和引领发展的核心动力。愿科学精神薪火相传，科技事业蓬勃兴旺！

中国科学院学部科学普及与教育工作委员会主任　杨玉良

2019 年 8 月

目录

使命与责任

爱国

科学没有国界，科学家却有祖国。具有强烈的爱国情怀，是对我国科技人员第一位的要求。从科学救国到科技强国，一代又一代的爱国知识分子以实际行动和无悔追求践行着自己的人生理想和诺言。

科学者，救国之唯一要术也。

——秉志（1886—1965年，河南开封人，动物学家）

我是炎黄子孙，为外国人做事精神不愉快，我要为祖国服务。

——汤飞凡（1897—1958年，湖南醴陵人，微生物学家）

我是中国人，我不能眼看着祖国遭到日本帝国主义者的蹂躏，现在正是祖国需要我的时候，我一定要回国抗击侵略者。

——王恒升（1901—2003年，河北定县人，岩石学与矿床学家）

我的命运就是与新中国连在一起的。在美国，我感到我的工作只是给美国社会增添财富，不是我所追求的人生。回国报效是我人生的必由之路。

——叶渚沛（1902—1971 年，祖籍福建厦门，生于菲律宾马尼拉市，冶金学家）

回国去，培养中国自己的大学生。

——蔡镏生（1902—1983 年，福建泉州人，物理化学家）

出国留学是为了提高教学和科研能力，而目的在于听从祖国召唤，为祖国富强服务。

——顾翼东（1903—1996 年，江苏苏州人，化学家）

我是一个中国人，当然回中国去。

——汤佩松（1903—2001年，湖北浠水人，植物生理学家）

救国是第一位的，读书还有机会，也不一定在校园内才能读书。

——李强（1905—1996年，江苏常熟人，无线电专家）

国家的需要就是任务！

——张大煜（1906—1989年，江苏江阴人，物理化学家）

搞农业离不开土地，只有在祖国的土地上，我那点知识才能更好地为家乡父老、为更多人服务。

——戴松恩（1907—1987年，江苏常熟人，遗传育种学家）

一个有理想、有抱负的中国科学家，如不愿寄人篱下，则要自己创业，英雄用武之地在中国。这是我青年时代的思想，也是我一生身体力行的。

——冯德培（1907—1995年，浙江临海人，神经生理学家）

我愿以身许国。

——王淦昌（1907—1998年，江苏常熟人，核物理学家）

我一生中所做的主要工作，就是利用自己的职务之便在美国精心培养了一批中国技术人员，获得了大量的电机电器技术资料，为新中国发展电机电器制造工业做出了贡献。

——褚应璜（1908—1985年，浙江嘉兴人，电机制造专家）

我的事业在中国，正因为她贫穷落后才更需要我们去建设。

——曾呈奎（1909—2005年，福建厦门人，海洋生物学家）

学习科学，而且只有振兴科学，才能使国家真正走向富强之路。

——苏元复（1910—1991年，浙江海宁人，化学工程学家）

我千辛万苦学得本领，为的是报效苦难落后的祖国。

——支秉彝（1911—1993年，江苏泰州人，电信工程和测量仪器专家）

我是中国人，是中国的老百姓养育了我。我不能离开我的祖国，我有责任为祖国的建设效力，为养育我的老百姓服务。

——张光斗（1912—2013 年，江苏常熟人，水利水电专家）

要以十倍的精力、百倍的热情拼命工作，要把自己的全部智慧和力量奉献给祖国。

——王承书（1912—1994 年，上海人，籍贯湖北武汉，核物理学家）

我们国家的科学还有很多落后的地方，要靠大家的努力去改善，以国家利益为重，不能闹个人意气。

——杨澄中（1913—1987 年，江苏武进人，核物理学家）

爱国

虽然科学没有国界，科学家却是有祖国的。祖国再穷，是自己的。而且正因她贫穷落后，更需要我们去努力改变她的面貌。

——钱三强（1913—1992 年，浙江绍兴人，籍贯浙江湖州，核物理学家）

对国家有益的，我就做。

——何泽慧（1914—2011 年，江苏苏州人，籍贯山西灵石，核物理学家）

回国不需要理由，不回国才需要理由。

——彭桓武（1915—2007 年，吉林长春人，籍贯湖北麻城，物理学家）

我要做一个实践者，把美国的工厂搬到中国去！

——孟少农（1915—1988 年，湖南桃源人，汽车设计专家）

外国再好也是人家的好，只有祖国的好才是自己的好。我们的尊严、命运跟祖国的尊严、命运是息息相通的。

——魏荣爵（1916—2010 年，湖南邵阳人，声学家）

中国的老百姓太不容易了，我们要为他们能吃饱肚子做些事。

——鲍文奎（1916—1995 年，浙江宁波人，作物遗传育种学家）

定要小小的藻类为社会主义建设做贡献！

——黎尚豪(1917—1993年,广东梅县人,淡水藻类学家)

如果当初我不回国，没有参加核武器的研制和试验，可能个人会有更大的科学成就，但肯定不会有现在这样幸福，因为我把自己的一切都与祖国的国防科技事业紧紧地联系在一起了。

——程开甲（1918—2018年，江苏吴江人，物理学家）

争名利，无意义，学工程，有志气。为人民，谋福利，为社会，求进取。山河破，倭寇獗，我会员，需立志。卫国家，靠兵利，建国家，靠机器。我们大家一致把心齐，为中国工程事业奋斗到底。

——陈学俊（1919—2017年，安徽滁县人，热能动力工程学家）

留学与爱祖国是分不开的，既要向世界学习，更应服务于祖国。

——汪闻韶（1919—2007年，江苏苏州人，土力学及土坝、地基抗震学家）

国家需要是重要的，做一件事情就一定要坚持到底，而不要太看重个人荣誉。

——王守武（1919—2014年，江苏苏州人，半导体器件物理学家）

我们这代人的爱国情结根深蒂固，我的所有力量都是来源于爱国，爱国是一种永不衰减的动力。

——师昌绪（1920—2014年，河北徐水人，金属学及材料科学家）

救国不忘读书，读书不忘救国。

——戴传曾（1921—1990 年，浙江宁波人，核物理学家）

我没有什么条件要求，国家需要我到哪里，我就去哪里。

——陈宗基（1922—1991 年，生于印度尼西亚爪哇岛，籍贯福建安溪，土力学、岩石力学、流变力学和地球动力学家）

新中国是我的祖国，我没有理由不爱她。这种诚挚的爱，就像是被爱神之箭射中了一样，是非爱不可的。

——陈能宽（1923—2016 年，湖南慈利人，金属物理学、材料科学、工程物理学家）

我急于回国的唯一原因，我想，不是我爱美国少一点，而是我爱中国多一点，我爱中国的整个，不仅爱她的美德，甚至爱她的贫困和不幸。

——黄宏嘉（1924 年—　，湖南临澧人，微波电子学家）

把我们的血汗洒在祖国的土地上，灌溉出灿烂的花朵。

——朱光亚（1924—2011 年，湖北宜昌人，籍贯湖北武汉，核物理学家）

童年亡国奴的屈辱生活给我留下惨痛的记忆，中华民族不欺负旁人，也不能受旁人欺负，核武器是一种保障手段，这种民族情感是我的精神动力。

——于敏（1926—2019 年，河北宁河人，籍贯天津市，核物理学家）

自信

科学研究既是全人类的事业，也是世界格局的角力场。突破关键核心技术必须靠自主创新，攀登世界科技高峰必须独辟蹊径。相信自己，方能坚定不移，走向成功。

中国的植物志，必须由中国人自己编写，不能由外国人写。

——钱崇澍（1883—1965 年，浙江海宁人，植物学家）

我们应当让外国人知道，中国人自己的事应由中国人自己解决，中国的生物资源应该由中国人自己来开采。

——王家楫（1898—1976 年，上海人，动物学家）

中国科学家有责任用中国人的第一手科学资料，开拓出自己的科学领域。

——刘承钊（1900—1976 年，山东泰安人，动物学家）

在赶超世界钢铁先进生产技术上，只有立足于“超”，才能“得乎其上”，居于世界钢铁的前列。

——李文采（1906—2000年，湖南永顺人，钢铁冶金学家）

我们要不断学习外国人的东西，但是我们不能老是跟在外国人后面走，我们中国人为什么不能指出一个方向，让外国人跟在后面走呢？

——王之卓（1909—2002年，河北丰润人，航空摄影测量与遥感专家）

我不希望自己的文章登在有名的杂志上而出名，我希望杂志因登了我的文章而出名。

——许宝騄（1910—1970年，北京人，籍贯浙江杭州，数学家）

外国人能造出来的，我们中国人同样能造出来。

——钱学森（1911—2009年，上海人，籍贯浙江杭州，应用力学、工程控制论、系统工程科学家）

外国人有的，我们要有；外国人没有的，我们也要有。一定要让我们自己的优良杂交玉米种子，撒遍祖国的大地。

——李竞雄（1913—1997年，江苏苏州人，遗传育种学家）

我们不能只重复外国人的工作。

——张致一（1914—1990年，山东泗水人，生理学家）

没有学不会的东西，也没有不能掌握的东西。

——张宗燧（1915—1969年，浙江杭州人，物理学家）

让外国人来同我们接轨！

——叶笃正（1916—2013年，天津人，籍贯安徽安庆，气象学家）

不要觉得女的跟男的不一样，是一样的，女孩子同样地可以为国家做出贡献。

——李敏华（1917—2013年，江苏苏州人，固体力学专家）

谁说中国贫油？谁说中国石油地质科学空白？我们的石油地质图集、文集可以昭示天下！

——关士聪（1918—2004年，广东南海人，石油地质学家）

国外能办到的事情，我们中国人一定能做到。国外没有做到的，我们也可以做。

——何炳林（1918—2007年，广东番禺人，高分子化学家）

搞数学，光发表论文不值得骄傲，应该有自己的东西。不能外国人搞什么就跟着搞什么，应该让外国人跟我们跑。

——吴文俊（1919—2017年，上海人，数学家）

我一生中最重要的贡献是帮助改变了中国人自己觉得不如人的心理作用。

——杨振宁（1922年—　，安徽合肥人，物理学家）

担当

天下兴亡，匹夫有责。个人的学术抱负与国家和社会发展的需要紧密结合，人生的舞台就会更加宽广，科学人生也一定会更加灿烂辉煌。

无山不绿，有水皆清，四时花香，万壑鸟鸣，替河山装成锦绣，把国土绘成丹青，新中国的林人，同时是新中国的艺人。

——梁希（1883—1958 年，浙江吴兴人，林学家）

我现在随时在衡量自己的工作，看怎样才不辜负政府和人民所寄予的期望，我时刻在求改进。

——马文昭（1886—1965 年，河北保定人，组织学专家）

假如自己的标本完备，那么何须假手外邦，仰人鼻息。而完备的中国植物标本，只能靠我国有志研究植物分类学的科学工作者的共同努力。

——陈焕镛（1890—1971 年，香港人，籍贯广东新会，植物学家）

福人民、利社会、巩国基。

——胡经甫（1896—1972年，上海人，籍贯广东三水，昆虫学家）

走中国自己的农药发展道路，赶上和超过国际先进水平，创制我国所需要的更多更好的新农药！

——杨石先（1897—1985年，安徽怀宁人，有机化学家）

悲观颓丧是没有用的。中国在科学事业上，到处都是新眼界、新天地，不必羡慕人家，而当开拓我们的前途。所谓困难，都是可以克服的。

——杨钟健（1897—1979年，陕西华县人，地质学家、古生物学家）

人可以消磨时间，但科学的发展却不等人，我们只能不计条件，努力奋斗！

——蔡翘（1897—1990年，广东揭阳人，生理学家）

培养学生必须与国家命运相连，要反映时代的需求，不是简单的学术追求或独善其身的自我修养，而是造就学生，献身国家。

——叶企孙（1898—1977年，上海人，物理学家）

癌症是生命大敌，决心研究为国增光。

——纪育沣（1899—1982年，浙江宁波人，药物化学家）

要彻底改变中国科学技术落后面貌，首要的是人才，“科学救国”需要更多有志于复兴中华民族的人接受先进科学知识、先进科学技术的教育。

——张德庆（1900—1977年，上海宝山人，内燃机工程专家）

走出狭小的实验室，去接触广大的农民，将所学的专长贡献给他们，了解农民的需要，设法帮助农民解决问题。

——俞大绂（1901—1993年，浙江绍兴人，植物病理学和微生物学家）

建筑师的业是什么？直接地说是建筑物之创造，为社会解决衣、食、住、行中住的问题。间接地说，是文化的记录者，是历史之反照镜。所以你们的问题十分的繁难，你们的责任十分的重大。

——梁思成（1901—1972 年，广东新会人，建筑学家）

科学必须为建设服务。

——刘崇乐（1901—1969 年，上海人，籍贯福建福州，昆虫学家）

期以五十年，一定要使中国也跻身于国际现代数学之林。

——江泽涵（1902—1994 年，安徽旌德人，数学家）

开发矿业，繁荣中华！

——张伯声（1903—1994年，河南荥阳人，构造地质学家）

我们要用本国丰盛的煤炭资源，经过努力，尽快生产出合成油来，为转变国家的贫穷落伍状态做贡献。

——赵宗燠（1904—1989年，四川荣昌人，化学工程学家）

如何使祖国的医学事业尽快发展，这是我无时无刻不在思考的问题!

——黄家驷（1906—1984年，江西玉山人，医学家）

我能为中国在国际学术领域里争得一席之地，死也瞑目了。

——郑作新（1906—1998 年，福建福州人，鸟类学家）

发展桥梁专业，以高技术水平在工程界谋得一席之地。

——汪菊潜（1906—1975 年，上海人，铁路桥梁工程专家）

我们的工作要处在科学的发展前沿，也要联系中国的特点和国家人民的重大实际问题。

——王应睐（1907—2001 年，福建金门人，生物化学家）

地震科研的成果和人才，就是为了突破地震预报关、保卫社会主义建设和人民生命财产这个中心任务。

——顾功叙（1908—1992年，浙江嘉善人，地球物理学家）

我们这一代、你们以及以后的二三代要成为祖国力学事业的铺路石子。

——郭永怀（1909—1968年，山东荣成人，力学家、应用数学家）

飞电汽车携去客，冲霄城堡对留人；铲除国帝赖吾辈，誓为工农致此身。

——赵飞克（1909—1976年，湖北鄂城人，结构力学专家）

医生要全心全意为病人服务，应把病人的安危放在首位而不能个人名利第一。

——吴英恺（1910—2003年，辽宁新民人，医学家）

我们要以青天为幕，大地为营，风餐露宿，不避艰辛；我们要手脑并用，深入农村，广施仁术，泽被苍生。

盛彤笙（1911—1987年，江西永新人，兽医学家）

我们应以振兴中华为己任，为发展国民经济和提高核科学技术的社会效益与经济效益做出应有的贡献。

——肖伦（1911—2000年，四川郫县人，放射化学家）

我们是一个农业大国，农民是大多数，他们承担起全国人民的吃饭、穿衣的大事。他们的劳动最辛苦，生活最艰苦，一个土壤科学工作者，有责任研究解决农业生产的问题。

——李庆逵（1912—2001 年，浙江宁波人，土壤农业化学家）

科学堡垒坚，众去摧何难?千军万马上，我亦攀雄关。

——刘恢先（1912—1992 年，江西莲花人，结构工程与地震工程专家）

知前人所已知，识时人所未识，为后人导新航，乃科学家之本色。

——徐冠仁（1914—2004 年，江苏南通人，核农学家）

科研人员要不遗余力地提高国家的国际学术地位。

——邹元爔（1915—1987 年，浙江平湖人，冶金和材料科学家）

研究蚊虫的目的是控制蚊虫的大批繁衍和各种蚊虫媒病的流行，让人们杜绝疾病传染，少得病，不得病！

——陆宝麟（1916—2004 年，江苏常熟人，昆虫学家）

在成绩面前，要尽量考虑别人的贡献，失败了，要尽量考虑自己的责任。

——黄纬禄（1916—2011 年，安徽芜湖人，自动控制专家）

人类探索太空的旅程充满艰险，发生事故在所难免，但事故并不能阻挡人类开发太空的脚步。

——屠守锷（1917—2012年，浙江吴兴人，火箭总体设计专家）

以前在仿制药时代，我们跟着别人的脚步走，现在中国与世界的步伐都要一起朝前走，我们要集中力量创造真正的新药！

——嵇汝运（1918—2010 年，上海松江人，药物化学家）

搞农业科研选题，只要是农业生产中存在的疑难问题和突出问题，就应该去研究。

——赵洪璋（1918—1994 年，河南淇县人，育种学家）

野外工作有危险，尤其是从事冰川考察。如果想绝对安全就不要去了，冰川事业是一项豪迈的事业，是勇敢者的事业！

——施雅风（1919—2011 年，江苏海门人，地理学、冰川学家）

作为一个科学家，不应奢望当代的荣誉和理解，需要的是对国家、对人民负责的使命感和时代责任感，要顶天立地，立意创新，勇敢超前，去追求真理。

——陈述彭（1920—2008 年，江西萍乡人，地理学、地图学家，遥感应用与地理信息系统专家）

我毕生追求的就是要让全社会有良好的、与自然和谐的人居环境，让人们诗意般、画意般地栖居在大地上。

——吴良镛（1922 年—　，江苏南京人，建筑学家）

一不为名，二不为利，但我们的工作要奔世界先进水平。

——邓稼先（1924—1986 年，安徽怀宁人，核物理学家）

我能够提出恢复高考的建议，并不是因为我特别有创见，当时大家都是这样想的。只是我有这个机会讲真话，这个机会难得。

——查全性（1925—2019 年，江苏南京人，籍贯安徽泾县，电化学家）

我们是小兵，没有能力去制作原子弹，但我们是有特长能为原子能工业服务的。要在国家重大项目中发挥关键作用，就要有一个坚强的集体。我只能是集体中的一员，一个小兵，一个负责的小兵。

——卢佩章（1925—2017 年，浙江杭州人，籍贯福建永定，分析化学家）

如果三峡工程需要有人献身，我将毫不犹豫地首先报名。我愿意将自己的身躯永远铸在三峡大坝之中。

——潘家铮（1927—2012 年，浙江绍兴人，土木工程学家）

治国家筋骨，报行业经纬。

——蔡其巩（1932 年— ，生于印度尼西亚泗水，籍贯福建泉州，金属物理与断裂力学专家）

没有谁会告诉你关键技术，只有咬牙向前走，不能向外面的封锁低头。

——刘永坦（1936 年— ，江苏南京人，籍贯湖北武汉，电子工程专家）

科研之道

创新

科学技术发展的历史源远流长，创新是科技发展的核心要素。从刀耕火种到工业革命，再到信息化时代，人类一直在创新中不断加深着对自然规律的认识，人类的科技文明一直在创新中不断实现新的跨越与突破。

科学要有进展就得创新，后人修正前人也是十分自然的。这是历史的进步，否则科学就停顿了。

——斯行健（1901—1964年，浙江诸暨人，古植物学家）

科学家一要有很广博的知识，二要有很奇特的想象力，没有创新不行。

——童第周（1902—1979年，浙江宁波人，实验胚胎学家）

在读书的过程中要敢于挑错，发现问题比什么都重要，这实际就是创新。

——翁文波（1912—1994年，浙江宁波人，地球物理学、石油地质学家）

研究人员一定要有独立创新的意识，要在大的理论课题中有所突破，绝不能为了眼前的一点效益，满足于搞一些低水平的项目。

——张煦（1913—2015 年，江苏无锡人，通信工程学家）

科学家和工程师对某一目标做出有价值的贡献，一般须非常认真地追踪前人、他人在相关领域的成就，并研究其不足之处，才能最有效地继续创新前进。

——邵象华（1913—2012 年，浙江杭州人，钢铁冶金学家、钢铁工程技术专家）

一个科学家要有新的突破、新的发现，不要老跟在别人后面跑。

——卢鹤绂（1914—1997年，辽宁沈阳人，籍贯山东掖县，核物理学家）

综合也是创造！

——张钟俊（1915—1995年，浙江嘉善人，自动控制专家）

凡事力争最好的可能性，但务必做最坏的准备。做创新的科研工作更是如此。

——王世真（1916—2016年，生于日本千叶，籍贯福建福州，核医学家）

不动脑筋的全盘照搬，不仅学不到真技术，还会被人牵住鼻子，甚至在关键时刻被人卡住脖子。

——梁守槃（1916—2009 年，福建福州人，航空工程专家）

在科学研究上有所发现就要坚持，不怕与当时盛行的观念相左。

——谢义炳（1917—1995 年，湖南新田人，气象学家）

科学的生命在于创新，要披荆斩棘，开辟新领域，研究新问题。

——慈云桂（1917—1990 年，安徽桐城人，电子计算机专家）

科学研究应该具有冒险性，不要惧怕错误、失败，没有这种精神谈不上创新。

——沈善炯（1917 年—　，江苏吴江人，微生物生化和分子遗传学家）

既然锐意创新是基础研究本身的职能和生命力所在，那么“碰硬”就是这种创新意识的一个基本注释。

——林兰英（1918—2003 年，福建莆田人，半导体材料科学家）

科学研究贵在有所创新突破，但绝非“标新立异”。

——顾知微（1918—2011 年，江苏南京人，地层古生物学家）

搞科研是不能停止接触新东西的，因为一个人只有看到的、听到的是最新、最前沿的，才能想到、说出、做出最前沿、最有用的东西来。

——陶诗言（1919—2012 年，浙江嘉兴人，气象学家）

我们做科研的有一个信念，就是立足于基础研究，着眼于国家目标，不跟着外国人跑，走自己的创新之路。

——徐光宪（1920—2015 年，浙江绍兴人，无机和物理化学家）

做科研就是要做他人没做过的事情，总跟在人家后面跑，那还叫什么科学研究？

——吴旻（1925—2017 年，江苏常州人，肿瘤遗传学家）

在科学上一定要创新，不可步人后尘，科学的魅力就是创新。

——田昭武（1927年—　，福建福州人，物理化学家）

创造在于有丰富的知识积累和善于提炼、概括、升华的悟性。

——陈中伟（1929—2004年，浙江杭州人，医学家）

战略

战略对科技事业的发展至关重要，要下好先手棋，打好主动仗，有所为有所不为，绝不能人云亦云，更不能“脚踩西瓜皮，滑到哪儿算哪儿”。

战略

农业科学是较长期地改造自然的过程，必须有计划地了解实际情况，定出科学工作的远大目标，按照预定周密的计划，一步步前进。

——陈凤桐（1897—1980 年，河南内乡人，农学家）

办好研究所要抓三件大事，一是选择好研究课题，二是要有一支训练有素、具有高科学水平的研究队伍，三是具备良好的实验设施。而确立研究方向是关键。

——吴学周（1902—1983 年，江西萍乡人，物理化学家）

不要滥用农药，防止环境污染，保护生态平衡，发挥生物潜能，促进自然界的自控能力，对于害虫的防治应采取综合治理的措施。

——蔡邦华（1902—1983 年，江苏溧阳人，昆虫学家、教育家）

既要重视挖掘我国尚未得到充分利用的丰富的植物资源，又要十分注意这些资源的保护工作，避免不合理利用而造成的恶果。

——林镕（1903—1981年，江苏丹阳人，植物学家）

中国丝虫病防治应该把控制传染源放在首位！

——冯兰洲（1903—1972年，山东临朐人，昆虫学家）

所谓国防，狭义言之，即是保卫国土；然而要是连自己的国界疆域尚不清楚，山川形势也莫名其妙，那么根本谈不上军事的设防；行军的道路尚不知道，怎样谈进攻和守御。所以一国疆域内地形的测绘乃是国防上再重要不过的工作。

——夏坚白（1903—1977年，江苏常熟人，大地测量学家、天文测量学家）

在光辉的抗生素时代来临之后，还必须注意它给人类带来菌群失调的阴影。

——魏曦（1903—1989年，湖南岳阳人，医学家）

轻工业不轻，小商品不小。

——沈鸿（1906—1998年，浙江海宁人，机械工程学家）

科研要急国家之所急，还要先走一步，为国家长远需要早做准备。

——赵九章（1907—1968年，河南开封人，籍贯浙江湖州，气象学家、空间物理学家）

战略

现在人类所用的能源资源，除太阳能外，与其他各种物质资源一样，都有用完的一天。因此，应当合理利用和节约能源资源。

——徐士高（1908—1990 年，山东黄县人，高电压技术专家）

机器工业是一切工业的基础，而铸工是机器工业的基础。

——吴学蔺（1909—1985 年，江苏武进人，冶金学、机械工程学家、光学仪器专家）

在中国人口众多与资源相对紧缺等基本限制因素的约束条件下，国家工业化、现代化的发展道路，不可能照搬发达国家的传统的现代化模式，必须另辟蹊径。

——周立三（1910—1998 年，浙江杭州人，经济地理学家）

我国能源生产不足，特别是在严重缺电的情况下，节能、节电可以降低成本，减少投资，挖掘潜力，发展生产，意义十分重大。

——丁舜年（1910—2004 年，江苏泰兴人，籍贯浙江长兴，电机工程学家）

国防要现代化，光靠引进是不行的，一定要自力更生。

——钱志道（1910—1989 年，浙江绍兴人，化学家）

农业是国民经济的基础，农业的现代化要依靠科学技术和农业教育。

——蔡旭（1911—1985 年，江苏武进人，小麦栽培及遗传育种学家）

没有钢铁，中国工业与国防两俱落空。

——孙德和（1911—1981年，安徽桐城人，钢铁冶金学家）

变革资源消费型经济发展的旧模式，确立资源节约型发展新模式，废止“有水快流”的方针，是解决我国矿产相对不足、矿产品供需矛盾日趋紧张的根本出路。

——程裕淇（1912—2002年，浙江嘉善人，地质学家）

随着人类对自然认识的加深，地理学家要愈来愈多考虑到社会经济因素的作用。

——黄秉维（1913—2000年，广东惠州人，地理学、综合自然地理学家）

宝钢不能下马。

——李国豪（1913—2005年，广东梅县人，桥梁力学专家）

“产学研”应该齐头并进，在提高国家综合实力面前，“研”为生产、社会实践指出方向、“产”为“学”“研”提出新的要求，“学”为科学技术的发展输送新生活力。

——罗沛霖（1913—2011年，天津人，电子学与信息学家）

环境污染是目前最严重的社会问题，也是最困难的化学问题。环境治理尚属起步，催化在环境保护中大有作为。

——蔡启瑞（1914—2016年，福建同安人，物理化学家）

我国是多地震的国家，重大的工程与高精尖的工程必须考虑区域地震活动及其影响问题。

——谷德振（1914—1982年，河南密县人，工程地质、地质力学家）

应当积极应用国际先进技术，以提高中国产品技术水平。

——陶亨咸（1914—2003年，天津人，籍贯浙江绍兴，机械工程专家）

石油太重要了！中国岂能没有强大的石油工业！

——曹本熹（1915—1983年，上海人，化学工程学家）

不能说等我要用什么了，再去研究这个技术，肯定来不及。必须未雨绸缪，我没法知道将来会需要什么。

——任新民（1915—2017年，安徽宁国人，航天技术与液体火箭发动机技术专家）

对研究自然规律的基础研究，不能强调“赚钱”；对开发高技术产品要讲求经济效益，但也要说明这是风险投资。

——钱保功（1916—1992年，江苏江阴人，高分子科学家）

能源是中国现代化的一个根本环节和战略重点。

——吴仲华（1917—1992年，上海人，籍贯江苏苏州，工程热物理学家）

人类进军海洋，进一步探索开发利用海洋是必然趋势，但要达到我们想象的目的，就要依靠科学技术的进步。

——杨槱（1917年—　，北京人，籍贯江苏句容，船舶设计专家）

面对未来，我们必须合理并节约使用资源，控制人口增长，保护环境，走一条可持续发展的道路。

——严东生（1918—2016年，上海人，籍贯浙江杭州，材料科学家）

海洋是一个大宝藏，闭关锁国的时代已经一去不复返了，我们应该积极探索海洋的奥秘。

——业治铮（1918—2003年，江苏南京人，沉积学、海洋地质学家）

分析化学的发展水平是衡量一个国家科技水平的重要标志。要发展我国的分析化学首先要重视分析化学基础研究的重要性，稳住和发展方法研究的队伍，大力发展分析精密仪器工业，加强这方面科研人才的培养工作。

——高鸿（1918—2013年，陕西泾阳人，分析化学家）

四个现代化要靠机械。机械工业上不去，四个现代化就是空的。

——张作梅（1918—1998年，广东兴宁人，金属材料、机械工程学专家）

没有花样繁多、品种齐全、功能奇特、高纯度的新材料，所有的高新技术只能是空中楼阁。

——汪家鼎（1919—2009年，重庆人，化学工程专家）

要国富民强求发展，一定要打开科学的大门，走科学强国的道路。地质学研究在国家建设和发展道路上，一定会发挥非同凡响的作用。

——朱夏（1920—1990年，上海人，籍贯浙江嘉兴，大地构造学、石油地质学家）

一个国家占据了一定的太空位置，就表明这个国家把它的疆域，也就是主权的管辖区扩大到了天上，这个国家就成了航天国。

——王希季（1921年—　，云南昆明人，卫星与返回技术专家）

科学研究要“立足世界”，因为科学肯定是世界性的，不是自己闭门造车。

——干福熹（1933年—　，浙江杭州人，光学材料、非晶态物理学家）

治学

科学研究是一项复杂的脑力劳动，其本身也是一门学问。在治学过程中，人们积累了经验，总结了规律，形成了方法。掌握这些经验、规律和方法就能提高科技创新的效率，达到事半功倍的效果。

医药为救人而设，本无中西之分，研此道者，不可为古人愚，不可为今人欺，或道或术，当求其本以定，一是不可舍己从人，亦不可非人是我。

——萧龙友（1870—1960 年，四川三台人，医学家）

做实验就像做菜一样，同样的材料，不同的厨师做出来的味道完全不一样。

——赵承嘏（1885—1966 年，江苏江阴人，药物化学家）

地质科学的源泉在野外。这里，也只有在这里，才能产生真正的科学问题和科学理论！

——李四光（1889—1971 年，湖北黄冈人，地质学家）

一个科学工作者的作用就是善于从大量实验现象的观察中分析、总结出规律。

——饶毓泰（1891—1968年，江西临川人，物理学家）

做实验看到什么就记录什么，万万不能凭自己的想象，一点也不能虚拟。

——陈桢（1894—1957年，江苏邗江人，籍贯江西铅山，动物学家）

不要只满足于琴声出自何处，还得思考琴弦何以能发出声音来。

——庄长恭（1894—1962年，福建泉州人，有机化学家）

做学问的人要竞争，也要礼让，要讲风格。

——张景钺（1895—1975年，湖北光化人，籍贯江苏武进，植物学家）

要注意观察那些反常的物理现象。从某种意义上说，科学研究既要观察、证实符合规律的现象，更要注意那些不符合常规的现象。

——吴有训（1897—1977年，江西高安人，物理学家、教育家）

作为技术工作者，最大的问题是切记不能跟风跑，随风倒，一定要有高度的责任感，对于伪科学的东西要敢于抵制，不能妥协。

——汪胡桢（1897—1989年，浙江嘉兴人，水利专家）

学习任何一门科学，不仅应掌握其中的具体知识，更重要的是应总结出分析问题和解决问题的方法。

——虞宏正（1897—1966年，福建闽侯人，化学家）

做好临床工作，不能只看各种检查、化验结果，不看病人，不亲自接触病人。因为病人的情况不同，同一种病在不同人身上的表现千差万别。

——张孝骞（1897—1987年，湖南长沙人，医学家）

治学要持之以恒，要下苦功夫；对待问题要有追根问底的勇气。

——俞建章（1898—1980年，安徽和县人，地层古生物学家）

古人说的行远必自迩，登高必自卑，是治学的一条基本原则。急躁和猎奇，不但无益，反而有害。

——秦仁昌（1898—1986 年，江苏武进人，植物学家）

搞地质，就要练会走山路，这是野外地质工作的一项基本功！

——冯景兰（1898—1976 年，河南唐河人，矿床学家）

搞科研不能像蜻蜓点水，而要像蜜蜂采蜜。做实验要认真观察，反应中出现异常情况，要追根到底弄明白反应结果。

——黄鸣龙（1898—1979 年，江苏扬州人，有机化学家）

建设新国家，必须提倡科学。要提倡科学，最好不必多说话，而要切实去做。

——曾昭抡（1899—1967年，湖南湘乡人，化学家）

研究方向应集中，围绕一定的主攻目标步步深入。切忌东抓一把，西来一下，分散力量，结果是什么问题都不能深入解决。

——张锡钧（1899—1988年，天津人，生理学家）

取穴要在辨证的基础上选用最佳穴位，采用少而精的原则;而施治则又要有的放矢，才能恰到好处。

——承淡安（1899—1957年，江苏江阴人，医学家）

拿马车来做例子，马就好比实验，车就好比理论；马要在前，车要在后。如果把马放在后边，车就动不了啦！

——黄子卿（1900—1982年，广东梅县人，物理化学家）

学习地质最重要的一点是联系实际、联系野外。要做到这点，首先就是要能够爬山走路。

——孟宪民（1900—1969年，江苏武进人，地质学、矿床学家）

搞专题研究专题要专，思路要宽，立论要广，结论要严。

——侯德封（1900—1980年，河北高阳人，地质学、地球化学家）

学生书本知识少点好办，可以自学充实，野外实习可是机会难得，务求师生教好学好。

——何作霖（1900—1967年，河北蠡县人，矿物学家）

做工作只能盯着一个问题，像剥笋壳一样，一层一层地剥下去。

——朱洗（1900—1962年，浙江临海人，细胞学家）

在各个地质勘探阶段，只有广泛采用物探方法，使地质方法与各种物探方法密切相结合，就能够更加多快好省地完成地质任务。

——许杰（1901—1989年，安徽广德人，地层古生物学、地质学家）

学习不能简单化，学习是终身的事。

——蔡方荫（1901—1963年，江西南昌人，土木建筑结构专家）

对学术问题的争议，不能用强迫命令的办法去解决，要摆事实，讲道理。谁是谁非，只有用科学实验来证明。

——涂治（1901—1976年，湖北黄陂人，农学家）

学术期刊是学术交流的重要园地！

——施汝为（1901—1983年，上海人，物理学家）

看病不是修理机器，医生不能做纯技术专家，不能只凭数字报告下结论、开处方。

——林巧稚（1901—1983年，福建厦门人，医学家）

从事科学技术的青年必须打好基础，一定要练好四功：即绘图功、实验功、运算功、外语功。

——朱物华（1902—1998年，江苏扬州人，无线电子学家、水声工程专家）

我的研究课题，一旦后来人出现，我便毫无保留地将成果奉献给别人。我不霸占材料，我不霸占人才。

——尹赞勋（1902—1984年，河北平乡人，地质学家、古生物学家）

既要掌握坚实的基础理论，又要掌握实验操作技术，既能动脑，又能动手。

——赵忠尧（1902—1998年，浙江诸暨人，核物理学家）

要不怕吃苦，要多爬山，山上的石头就是书，上面记载着地球在其发展过程中的变化。

——王曰伦（1903—1981 年，山东泰安人，地质学家）

地质野外考察“行军指南”：一是三到，脚到、眼到、手到；二是预测，不仅了解脚下的情况，还要预测山那边的变化，然后再印证学习；三是及时记录，野外观察，必须当日趁记忆加以整理，过后再补做整理，就容易遗漏；四是特别衣箱，贴有分布图的衣箱，便于收拾和寻找。

——黄汲清（1904—1995 年，四川仁寿人，构造地质学、地层古生物学和石油地质学家）

对待他人的论点和研究成果，轻率地反对或盲目地服从，这两种做法都是不科学的，不可取。

——李春昱（1904—1988年，河南汲县人，区域地质、构造地质学家）

作为研究人员，要把握住学术前沿的脉搏，要抓住学术的火花和苗头。

——龚祖同（1904—1986年，上海人，光学家）

要做一个有真才实学的科学家，不要停留在实验室，要深入病区中去考察。

——唐仲璋（1905—1993年，福建福州人，生物学家）

标新立异，一丝不苟，奋力拼搏，亲自动手。

——汪德昭（1905—1998年，江苏灌云人，物理学家）

大胆设想，小心求证。看来大胆还是必要的，当然大胆要建筑在扎实工作基础上。

——赵金科（1906—1987年，河北曲阳人，地质学、古生物学家）

理论与实验犹如人走路，左腿或右腿先迈开一步，另一条腿随后跟上，这样人就一步一步地前进了，不注意理论而去做实验，有时遇到有意义的现象会视而不见，让它溜跑了；不重视实验而去搞理论，有时只是瞎忙一阵，到头来劳而无功。

——钱临照（1906—1999年，江苏无锡人，物理学家）

既专又博、知识互补、集思广益、科学决策。

——王之玺（1906—2001年，河北行唐人，冶金学家）

人必得其精，水必得其甘，曲必得其时，粮必得其实，器必得其洁，缸必得其湿，火必得其缓，料必得其准，工必得其细，管必得其严。

——方心芳（1907—1992年，河南临颍人，微生物学家）

做研究工作第一要胆大，第二要心细。没有胆大就会墨守成规，不敢越雷池一步，无以创新；没有心细，就会一知半解，异想天开，可能得出错误的结论！

——王钰（1907—1984年，河北深泽人，地层古生物学家）

爱因斯坦的科学理论是以大量实验为基础的，如果要批判相对论，就要拿出实验依据来。

——周同庆（1907—1989年，江苏昆山人，物理学家）

植物园的研究人员必须过好栽培技术关。

——俞德浚（1908—1986年，北京人，植物分类学家和园艺学家）

搞科学研究好比跳芭蕾舞，必须先学会用脚尖走路，练好基本功。

——殷宏章（1908—1992年，山东兖州人，籍贯贵州贵阳，植物生理学家）

做学问就像滚雪球，越滚越大，不滚就化。

——贾兰坡（1908—2001年，河北玉田人，考古学、第四纪地质学家）

知识来源于实践，而工程实测记录是实践经验的总结。其重要性在于不但可以验证理论和技术措施的正确性，还能启发我们发现新问题。

——黄文熙（1909—2001年，上海人，籍贯江苏吴江，岩土工程与水工建筑专家）

要把书本知识学活，到大自然中去认识世界、改造世界。

——周廷儒（1909—1989年，浙江富阳人，地貌学、自然地理学、古地理学家）

一项成功的科学研究工作，要具备三个主要因素：一要有好的研究对象、好的实验材料；二要有好的实验技术；三要有好的工作人员，要学术思想活跃，敢于创新。

——高尚荫（1909—1989年，浙江嘉善人，病毒学家）

成功者与失败者之间的差距在于思维方式。

——黄祯祥（1910—1987年，福建厦门人，病毒学家）

学术界是没有对错之分的，自古就有百家争鸣。每个学派都有自己的长处和短处，我们应该都去学习，取百家之长。

——孙殿卿（1910—2007年，黑龙江哈尔滨人，地质力学和第四纪冰川地质学家）

对的不一定对，不对的一定不对。

——汪猷（1910—1997年，浙江杭州人，有机化学家）

要学戏就不仅要在前台看演戏，而且要到后台看排戏。

——蒋明谦（1910—1995年，四川蓬溪人，有机化学家）

做学问的人要过得了三关。一是不怕受穷，二是耐得住寂寞，三是不为名利所累。因此，想钱、想名、想利的人，最好不要谈学问。

——李国平（1910—1996 年，广东丰顺人，数学家）

我的治学经验总结有两条：一是实事求是，二是绝不迷信。

——谭其骧（1911—1992 年，辽宁沈阳人，籍贯浙江嘉兴，中国历史学家、历史地理学家）

博闻约取，触类旁通，揭露矛盾，突出方法，是我所追求的思维方式和治学方法。

——钱钟韩（1911—2002 年，江苏无锡人，热工自动化学家）

广泛地学习，详尽地询问，谨慎地思考，清楚地辨析，切实地实行。

——邱式邦（1911—2010年，浙江湖州人，昆虫学家）

怎样做好煤田普查工作呢？最重要的是认真研究、总结煤田地质规律，掌握运用这些规律，确定找煤方向，指导今后找煤工作。

——岳希新（1911—1994年，吉林省吉林市人，矿床地质及矿产普查勘探学家）

为而不有，成则共享。

——娄成后（1911—2009年，天津人，籍贯浙江绍兴，植物生理学家）

正确对待前人理论，学百家之长，自主创新。

——陈国达（1912—2004 年，广东新会人，地质学、大地构造学家）

遵循大自然的规律是一条颠扑不破的真理，我们的任务是去认识自然规律，利用自然规律，而不是破坏它，改造自然只能按自然规律办事。

——侯学煜（1912—1991 年，安徽和县人，生态学家）

我学习外语主要靠两条。一是不要命，二是不要脸。不要命就是你得背，得拼命记；不要脸就是别不好意思，要多说，尤其是和外国人说。

——严恺（1912—2006 年，福建闽侯人，水利和海岸工程专家）

过多依赖仪器会使分析者变为仪器的奴隶，而不是主人。

——梁树权（1912—2006 年，山东烟台人，籍贯广东珠海，分析化学家）

我国地质条件“得地独厚”，要立足于本国的自然条件，不断创新，才能踏踏实实地走向世界前列。

——卢衍豪（1913—2000 年，福建永定人，地层古生物学家）

搞科学研究的离不开对档案这种原始资料的利用。

——张维（1913—2001 年，北京人，固体力学家）

合作乃创新，协作事业兴。

——叶连俊（1913—2007年，山东日照人，地质学、沉积矿床学家）

我做研究最大的体会：一要做，二要想。所谓做，就是自己动手做实验，自己动手查文献；所谓想，就是不凭灵感，勤于思考。

——庄孝僡（1913—1995年，山东莒南人，实验胚胎学家）

搞音乐，需要有技巧，但更要对乐曲本身有深刻的理解，要把感情揉到技巧中去，决不能单纯地卖弄技巧。

——汪德熙（1913—2006年，北京人，籍贯江苏灌云，核化学化工专家）

研究植物系统发育与演化问题，必须通过多学科的协同工作，相互引证和补充，才能收到事半功倍之效；如果单从一方面考虑，往往难以令人信服……因此，综合性的分析与讨论将会越来越重要。

——王伏雄（1913—1995 年，浙江兰溪人，植物学家）

搞科学研究需要有一股“傻”劲，要持之以恒才能出成果。如果脑子太活，今天想干这个，明天想干那个，最后只能是一事无成。

——李薰（1913—1983 年，湖南邵阳人，物理冶金学家）

抓住问题后，要在掌握前人已有的主要工作的基础上，开阔思想，多方探索，锲而不舍，以期一旦贯通，得到成果。

——段学复（1914—2005年，陕西华县人，数学家）

从实际出发得出结论，总是有其正确性的。

——郭文魁（1915—1999年，河南安阳人，地质学与矿床学家）

学习需要点滴积累、细水长流！

——秦馨菱（1915—2003年，山东安丘人，地球物理学家）

进行科学研究时，我一向比较重视对最终结果的预测。毛估比不估好!

——卢嘉锡（1915—2001年，福建厦门人，籍贯台湾台南，物理化学家）

如果说有什么工作经验，那就是从单项事或物中找背景，从多种现象中寻共性，把复杂事物经过剖析纳入到简单的动态规律中，以及多看、多读、多思考。

——马世骏（1915—1991年，山东兖州人，生态学家）

读书与科研是互相促进的。只读书不搞科研，就会失掉动力与方向，成为书呆子！只搞科研不读书，就没有根基，也就做不出来高水平的工作。

——唐敖庆（1915—2008年，江苏宜兴人，物理化学家）

只有通过怀疑和认真的思考，才能更深入地掌握所学的东西。

——胡宁（1916—1997年，江苏宿迁人，理论物理学家）

学习如同在硬木头上钻螺丝钉，开头先要搞正方向，锤它几下，然后拧起来就顺利了。否则螺丝钉站得不稳不正，拧起来必然歪歪扭扭，连劲也使不上。

——钱令希（1916—2009年，江苏无锡人，工程力学家）

科学实验是人们的脑子和自然界之间的桥梁。

——张恩虬（1916—1990年，广东广州人，电子学家）

究天人之际，通古今之变，探生命之微，窥造化之奇，虽不能至，心向往之。

——王鸿祯（1916—2010 年，山东苍山人，地质学家）

不要迷信权威，人云亦云，要树立独立思考的科学精神。

——谈镐生（1916—2005 年，江苏苏州人，籍贯江苏武进，力学、物理学、应用数学家）

三思方举步，百折不回头。

——吴阶平（1917—2011 年，江苏常州人，医学家）

世界科技的发展日新月异，许多研究方向、思路与成果会刊载在这类重量级的刊物上。篇篇俱到是不可能的，你看，每篇论文的前面都有摘要，它们是发现重大选题和选择性学习的门径。只有愚蠢的民族，才会对世界发展的潮流不闻不问。

——常迥（1917—1991 年，河南开封人，籍贯北京，无线电工程学、信息科学家）

实验发现了当时理论所无法解释的新现象，促进理论向前发展；而理论的进展又导致超出当时实验结果的新预言，促使实验进一步向前发展。

——朱洪元（1917—1992 年，江苏宜兴人，理论物理学家）

在医学这样一个应用性很强但又很负责的领域里，单纯追求科学前沿，脱离中国防治疾病的实际，或者企图应用简单落后的科学技术来解决复杂的医学问题，都是行不通的。

——朱既明（1917—1998 年，江苏宜兴人，病毒学家）

重视科学实验，着眼社会实践；不唯上，不唯书，不唯权威；独立思考，敢于创新。

——刘建康（1917—2017 年，江苏吴江人，鱼类学、生态学家）

我在学生时代就曾经花过相当工夫把许多常用的化学物质的理化性质、物化数据和常数一一熟记在脑海里。这方便后来少查手册，节省时间，提高功效。

——彭少逸（1917—2017年，湖北武昌人，籍贯江苏溧阳，物理化学家）

许多事实说明，不同科学之间的交流与合作，可以达到扬长避短、事半功倍的效果。

——蒋丽金（1919—2008年，北京人，籍贯浙江杭州，有机化学家）

任何一门科学在发展中对新问题、新对象有不同的看法或认识应属正常，但是任何看法和认识必须是客观事物的真实反映。

——张炳熹（1919—2000年，北京人，籍贯河南新旗，矿床地质学家）

学习知识不是越多越好，越深越好，而是应当与自己驾驭知识的能力相匹配。

——黄昆（1919—2005年，北京人，籍贯浙江嘉兴，固体物理、半导体物理学家）

经验规律重于理论推测。

——陈荣悌（1919—2001年，重庆垫江人，无机化学家）

对上天产品，99分不及格，相当于0分。100分才及格，及格了还要评好坏。

——陆元九（1920年—　，安徽滁州人，籍贯安徽来安，陀螺及惯性导航专家）

人们总是先从实践、观察中总结，提出一些假设，建立一个模型，并用它进行反演分析，再将结果和实际观察资料对比，不断修正而形成理论。

——王仁（1921—2001年，浙江吴兴人，固体力学与地球动力学家）

搞科学研究，要有新思想，但须以观察、实验为基础；提出新观念，要做耐心、细致的研究工作，须取得充分的证明才行。

——钱宁（1922—1986年，浙江杭州人，泥沙运动及河床演变专家）

学如逆水行舟，不进则退。要以战略上藐视的气魄、战术上重视的谨慎及坚忍不拔的努力，方能拨开云雾，攀上高峰，更好地为人民服务。

——徐叙瑢（1922年— ，山东临沂人，发光学家）

任何工作都要把握和处理好全局与局部的问题，只有掌握好全局，才能更好地弄清局部。

——谢学锦（1923—2017年，北京人，应用地球化学家）

一切应用科学都与基础理论有关，而基础理论将永远走在应用科学的前头。

——吴式枢（1923—2009年，江西宜黄人，理论物理学家）

意料之外的、反常的现象往往是重大发现的前兆，往往孕育着重大理论的突破。

——郭可信（1923—2006 年，北京人，籍贯福建福州，物理冶金、晶体学家）

只要敢于坚持从亲身实践中获得的真知灼见，绝不人云亦云，终究会得到学术界的理解和支持的。

——李林（1923—2002 年，北京人，籍贯湖北黄冈，物理学家）

做事情要在一段时间里只专心做好一件事，肯定能做得比较出色，同时想干几件事，反而哪件事也干不好。

——曾融生（1924—2019 年，福建福清人，籍贯福建平潭，固体地球物理学家）

首先要寻找简单易行的解决问题的方法。

——庄逢甘（1925—2010年，江苏常州人，空气动力学家）

治学之道犹如做人，要谦虚谨慎、戒骄戒躁，在知识面前永做小学生。

——张宗祜（1926—2014年，河北满城人，水文地质、工程地质学家）

做学问就像下棋，要有大眼界，只经营一小块地盘，容易失去大局。

——谷超豪（1926—2012年，浙江温州人，数学家）

向一切成功者和失败者学习思想方法。

——何祚庥（1927年—　，上海人，籍贯安徽望江，粒子物理、理论物理学家）

一个科学工作者必须处理好专与博这对矛盾。博是为了专，专深必须求博。博是扩大成就的基础，因此博是科技工作者必须具备的业务素质。

——沈允钢（1927年—　，浙江杭州人，植物生理学家）

如果没有实验、光有理论预测的话，有时会走到很歪的路上去。两方面都有，互相扶持、互相校验，这样是最好的。

——张存浩（1928年—　，天津人，籍贯山东无棣，物理化学家）

我把补基础和对学科前沿的学习交叉起来做。没有因为基础不好而使得自己对科学前沿知识一知半解，而是做到扎实和深入。

——戴元本（1928年—　，江苏南京人，籍贯湖南常德，理论物理、粒子物理学家）

理论是很复杂的，既不能盲目地相信，更不能随便否定，但它确实是一种学习工具。

——夏道行（1930 年—　，江苏泰州人，数学家）

选题首先要搞清现状，然后了解发展历史，最后把两者结合起来预测未来。这就是前瞻性研究的基本方法。

——李振声（1931 年—　，山东淄博人，遗传学家）

刚进实验室的青年人要心无旁骛，最好不要做太多的行政工作。

——梁栋材（1932 年—　，广东广州人，分子生物物理学家）

实验研究要从未知的问题着手。高谈别人的研究结果，而对实际工作没有深入的体会，则中国的科学永远不可能提高。

——邹冈（1932—1999 年，上海人，神经药理学家）

科学跟艺术应该是相通的。研究一个物理问题，要抽丝剥茧，像交响乐那样层层递进。

——刘盛纲（1933 年—　，安徽肥东人，电子物理学家）

年轻人的知识面有限，理解力较差，但记忆力特别强，背诵许多知识，将来使用时会左右逢源，一呼百应。

——陈景润（1933—1996 年，福建福州人，数学家）

搞科学的人就是要“眼高手低”。你可以眼睛很高，盯着诺贝尔奖，但是你的手得很低很低，做最粗最粗的基础研究！

——郝柏林（1934—2018 年，北京人，理论物理学家）

学风

科学家在创造卓越科研成就的同时，在学风建设方面也为我们树立了学习的典范。科学共同体在长期实践中形成的科研道德和学术规范应成为每位科技工作者的行为准则。

学风

科学精神就是只问是非，不计利害。

——竺可桢（1890—1974 年，浙江上虞人，气象学、地理学家）

论是非不论利害，论功过不论权势。

——金善宝（1895—1997 年，浙江诸暨人，农学家）

科学不是为个人的，不是求名求利的敲门砖。

——高济宇（1902—2000 年，河南舞阳人，有机化学家）

做学问，一要有事业心，热爱专业；二要专心，不甘落后，肯吃苦，知难而进。

——郑万钧（1904—1983 年，江苏徐州人，林学和树木学家）

我是个读书人、教书人。除此之外，我都不是很懂得。搞不懂的事，我不会乱发表意见，宁愿多听、多看、多思，心里明白哪些事、哪些意见是对是错就足够了。

——魏寿昆（1907—2014 年，天津人，冶金学及冶金物理化学专家）

故步自封就是走下坡路之时，做学问如此，做人亦然。

——张文佑（1909—1985 年，河北唐山人，地质学家）

研究物理学，应当反对那种空谈理论、忽视实际的学风，在条件许可的情况下，应当亲手做实验，以求得第一手的资料。

——王竹溪（1911—1983 年，湖北公安人，物理学家）

化学是一门实验科学，除了要熟练掌握基础理论外，还应具备娴熟的实验技能、求实精神和勇于创新的开拓精神及脚踏实地的科学作风。

——高振衡（1911—1989年，北京人，籍贯浙江绍兴，有机化学家）

做事讲目标而不做糊涂事；讲认真而反对敷衍、草率；讲质量而忌低劣。

——陈华癸（1914—2002年，北京人，籍贯江苏昆山，微生物学家）

攀登科学高峰，没有捷径可走；科学之路，远非坦途，我所走过的路如同攀登珠穆朗玛峰。

——郑国锠（1914—2012年，江苏常熟人，植物细胞学家）

我的人生哲学是对正确的就坚持，对错误的就反对，不谋私利，仗义执言。

——朱亚杰（1914—1997年，江苏兴化人，化学工程学家）

科学的道路就是不平坦，既无捷径，又无止境。没有献身精神，哪来科学成就。铁是打出来的，钢是炼出来的。

——冯新德（1915—2005年，江苏吴江人，高分子化学家）

做事要过细点。

——曹建猷（1917—1997年，湖南长沙人，铁道电气化专家）

所有的成绩都是我和同事们共同努力的结果，我只是做了一小部分工作，相比之下，同事们工作的条件要艰苦得多。

——张沛霖（1917—2005年，山西平定人，物理冶金学家）

科学干部与文艺、体育干部不同，对先天条件依赖少，基本上决定于个人的勤奋与学习方法，因此要有优良的学风。

——周明镇（1918—1996年，上海人，古脊椎动物学家）

搞科学就要有点“只问耕耘，不问收获”的精神！

——肖健（1920—1984年，湖南长沙人，实验核物理学家）

科技工作者要坚持科研人员的职业精神，遵从和恪守科技工作者的职业法则，勤奋、严谨、求实。

——洪朝生（1920—2018年，北京人，物理学家）

我应该感激在整个胰岛素工作中所有参加者的奉献精神，作为始终参加此项工作的一员，我只是和大家一样尽了一份微力。

——钮经义（1920—1995年，江苏兴化人，生物化学家）

科学技术容不得半点虚假。

——王补宣（1922—2019年，江苏无锡人，热工学、传热传质学、工程热力学家）

要实事求是，不要弄虚作假，不要心存侥幸。

——陈家镛（1922—2019年，四川金堂人，化学工程专家）

人重才品节，学贵安钻迷。

——王绶琯（1923年—　，福建福州人，天文学家）

学术腐败有如人体的癌症，不予以及时地克制，它就会蔓延、扩散，以致危及整体生命。

——邹承鲁（1923—2006年，山东青岛人，籍贯江苏无锡，生物化学家）

科学的事情一点虚不得，必须求真务实，老老实实，一就是一，二就是二，办错了就是办错了，就要好好地总结。

——孙家栋（1929年—　，辽宁盖州人，籍贯辽宁复县，火箭和卫星总体技术专家）

学科

在科学技术的发展进程中，逐渐形成了相互联系又相互独立的学科。对学科特点、学科前沿及学科未来走向的分析和判断，体现着战略科学家的智慧和眼光。

病理学为临床医学之基础，欲求临床医学之进步，须先研究病理学。

——梁伯强（1899—1968 年，广东梅县人，病理学家）

斜颈术后的早期固定是有害无益的，它能促使病肌切断端迅速粘连，妨碍患者头颈部的早期运动和患侧的血液循环。

——周泽昭（1901—1990 年，重庆人，外科学家）

物种是变的，又是不变的，变是物种发展的根据，不变是物种存在的根据，变是绝对的，是主要的矛盾方面，物种在又变又不变的矛盾中演变。

——陈世骧（1905—1988 年，浙江嘉兴人，昆虫学家）

肿瘤在一定条件下可以产生，亦可消除，不是“不治之症”，而是尚未找到治愈这一顽疾的有效方法。

——王善源（1907—1981年，出生于印度尼西亚，籍贯福建福州，微生物学家）

从事天然产物的化学研究，不应仅限于分离结晶、推导结构，还应加上全合成这一环，使整个研究工作形成一个整体。

——高怡生（1910—1992年，江苏南京人，药物化学家）

数学并不能像其他自然科学那样，用观察和实验的方法进行研究，而主要用理性演绎的方法进行推理论证。因此，数学有着更加抽象的形式。

——胡世华（1912—1998年，上海人，籍贯浙江吴兴，数理逻辑学家、计算机科学家）

森林是陆地生态系统的主体，除极端干旱和寒冷地区外，都能生长而发挥它的经济、生态和社会效益。

——吴中伦（1913—1995年，浙江诸暨人，林学家、森林地理学家）

遗传疾病的根本原因是基因有了缺陷。基因治疗就是在机体中将有缺陷的基因换上正常的基因，或者说，将正常基因插入机体中来纠正遗传缺陷。

——梁植权（1914—2006年，山东烟台人，籍贯广东中山，生物化学家）

我们在评价具体矿体或矿床时，必须把各种地质因素综合起来考虑，不能只从一个侧面考虑问题。

——黄劭显（1914—1989年，山东墨县人，地质学家）

要解决地面沉降的问题，首先要合理使用地下水，其次要压缩地下水开采量，第三要增加新的地下水源。

——贾福海（1914—2004年，山西原平人，水文地质、工程地质学家）

电波传播是一门既有重要实用意义又有重要科学意义的学科，也是一门很有生命力和不断发展的学科。

——吕保维（1916—2004年，江苏常州人，电波传播科学家）

矿山植物适应污染的生态环境，具有十分重要的环境生态学和污染进化研究价值。

——朱祖祥（1916—1996 年，浙江宁波人，土壤化学家）

自然界所有的元素和由这些元素形成的矿物是运动的而不是静止的、是发展的而不是永久不变的。

——郭承基（1917—1997 年，山西清徐人，地球化学、矿物学家）

一般来说，数学研究需要的投资少、见效快，它的研究是智力的角逐，主要依靠知识的积累和勤奋的思考，较少涉及对设备、器材的需要。

——程民德（1917—1998 年，江苏苏州人，数学家）

核酸研究不但在理论上有其重要意义，在实际应用上，如对医学和农业的发展，也将具有巨大的价值。

——王德宝（1918—2002 年，江苏泰兴人，生物化学家）

空间科学需要真空技术，真空技术促进空间科学。

——金建中（1919—1989 年，北京人，籍贯安徽黟县，物理学家）

中国西部独特的高原大地形、稀疏的植被、大面积的沙漠和冰川冻土环境，给我们提供了研究陆气相互作用的好场所。

——高由禧（1920—2001 年，福建福清人，气象学家）

安全科学技术是一门新兴的边缘学科，也是一项开拓性的工作。

——庄育智（1924—1996 年，广东潮安人，物理冶金学家）

冷中子源在基础和应用研究中有着极为广泛和重要的应用。

——章综（1929—2019 年，江苏宜兴人，物理学家）

仪器

工欲善其事，必先利其器。科研仪器是科学研究不可或缺的手段和工具，在人类认识自然探索规律的征程中发挥着不可替代的作用。

仪器不是机器，仪器是认识和改造物质世界的工具，而机器只能改造却不能认识物质世界。

——王大珩（1915—2011 年，生于日本东京，籍贯江苏苏州，应用光学家）

在高水平的科研工作中，一定要自己动手建造仪器，靠商品仪器很难做出领先水平的工作。

——钱人元（1917—2003 年，江苏常熟人，高分子物理和物理化学家）

一个搞实验的研究所应当有自己的工厂。因为，一些创新的实验，可能需要用一些买不到的仪器，需要自己去做。

——施履吉（1917—2010 年，江苏仪征人，细胞生物学家）

发展自动化技术首先应抓仪器仪表和人才培养。

——杨嘉墀（1919—2006年，江苏吴江人，空间自动控制学家）

没有好的仪器，就没有我国现代太阳物理学的基础。

——陈彪（1923年— ，福建福州人，天文学家）

仪器是工业的基础，仪器问题不解决，就无法实现现代化。

——刘光鼎（1929—2018年，北京人，籍贯山东蓬莱，海洋地质、地球物理学家）

论文

科研论文是学术成果的表现形式之一，记录着科技发展的轨迹，为同行的进一步研究提供参考和借鉴。发表论文是一种荣誉，也是对同行的一种承诺。如何对待论文发表，体现着学风。

你写出了科研报告，但没有什么新见解，只是重复别人说过的话，那你根本不能算是搞科研的。

——王竹泉（1891—1975年，河北交河人，地质学家）

写作要言简意赅，字字掷地应作金石声。

——刘敦桢（1897—1968年，湖南新宁人，现代建筑学、建筑史学家）

古人讲：读书，譬如明日死，要发愤猛读；写文章，譬如活百岁，要反复推敲。

——张钰哲（1902—1986年，福建闽侯人，天文学家）

实验工作要着重基本功的训练，写论文时要斟酌字句，实事求是。

——陆学善（1905—1981 年，浙江吴兴人，物理学家）

科学论文不能是文字的堆砌，必须言而有物，要有完整、明确的思路和严谨的逻辑。

——李连捷（1908—1992 年，河北玉田人，土壤地理学家）

科学研究，应以质量第一。如果你能写出一篇具有较高水平的论文，比写出十篇水平不高的论文的意义大得多。

——朱壬葆（1909—1987 年，浙江金华人，生理学家）

著书立说应该反映我们自己的东西。

——陈永龄（1910—2004年，北京人，大地测量学家）

现在你们工作条件好，只要国家有经费投入，发表一些高水平的论文肯定不是太难的事，但是我们国家还很穷，要搞一些有点应用价值的课题，做一些对社会更有用的事情，不能光顾发文章，把人民的血汗钱都花光了。

——邢其毅（1911—2002年，天津人，籍贯贵州贵阳，有机化学家）

写文章，无论长短，都要精炼才好。

——侯仁之（1911—2013年，河北枣强人，籍贯山东平原，历史地理学家）

发表的结果一定要经得住检验，“白纸黑字”，稍有不慎，“就会挨板子”。

——葛庭燧（1913—2000 年，山东蓬莱人，金属物理学家）

要一丝不苟地搞科研，不准确的结果或拿不准的结论不能公开发表。

——陈茹玉（1919—2012 年，天津人，籍贯福建闽侯，有机化学家）

不是自己取得的第一手资料就不敢动手做文章，不通过亲身实践就不敢下结论。

——郝诒纯（1920—2001 年，湖北咸宁人，地质学、古生物学家）

转化

学术成果转化为现实生产力，被认为是科技创新活动全过程的“最后一公里”，也是科学技术成为第一生产力的根本原因。科研成果转移转化绝非是现有理论成果的简单应用，同样需要艰辛的探索与创造。

我们不应离开生产实际问题来进行理论研究，也不可能离开理论而要求系统地、完整地来解决生产实际问题。

——丁颖（1888—1964 年，广东茂名人，农学家）

理论要联系实际，科学研究要为国民经济建设服务。

——周仁（1892—1973 年，江苏江宁人，冶金学和陶瓷学家）

我们应当通过仿造形成一支设计造车的力量，为向自行研制国产机车车辆转化创造条件。

——石志仁（1897—1972 年，河北乐亭人，铁路机械专家）

我们科学研究的选题计划，必须更密切地结合国家建设的需要，必须注意对生产革新的先进经验给予理论的总结。

——靳树梁（1899—1964年，河北徐水人，冶金学家）

应该研究科学与生产联系的道路。

——恽子强（1899—1963年，湖北武昌人，化学家）

要使植物学紧密结合国家的经济建设，必须在植物资源的开发利用上多做工作。

——张肇骞（1900—1972年，浙江永嘉人，植物学家）

设计的好坏，必须要通过生产制造出产品来考核，制造出的产品必须通过试验和实践来检验。

——蔡金涛（1908—1996年，江苏南通人，电信工程学家）

到工厂去，向生产学习，向工人学习。

——周惠久（1909—1999年，辽宁沈阳人，金属材料、力学性能及热处理专家）

要理论联系实际，与生产者零距离，将生产中的表观现象提炼到科学水平，进而推广到连普通农民都用得上的新技术，这才是好的科研。

——熊毅（1910—1985年，贵州贵阳人，土壤学家）

科学普及是科学技术转化为生产力的桥梁。

——毛鹤年（1911—1988年，北京人，电力工程学家）

生产合成材料的科技力量、科研单位应当承担或参与开发新消费品的任务。只有消费品的质量是第一流的，才能体现合成材料的高水平。

——侯祥麟（1912—2008 年，广东汕头人，化学工程学家）

科学实验一定要和生产实际紧密联系，如果只关在实验室里搞科研，得出的成果不投入实际生产应用，那只是纸上谈兵。这不是我们科学工作者要走的路。

——蒲蛰龙（1912—1997 年，云南人，籍贯广西钦州，昆虫学家）

科学技术工作应当从发展生产、服务于社会主义建设出发，用任务来带动科学。

——程纯枢（1914—1997年，浙江金华人，籍贯安徽徽州，气象学家）

在技术中寻找科学，将科学延伸为技术，先粗后精，精益求精，先专后宽，宽中求新。

——郭慕孙（1920—2012年，湖北汉阳人，籍贯广东潮州，化学工程学家）

要由企业牵头组织科研、设计、施工、生产四结合，以加速创新成果转化为生产力。

——闵恩泽（1924—2016年，四川成都人，石油化工专家）

科学家的工作相当于380伏的电压，只有把它变为220伏，才能让大众普及使用。

——叶叔华（1927年—　，广东广州人，籍贯广东顺德，天文学家）

人才培养

成才

成才需要适宜的环境，但最重要的还是自身的不懈追求和努力。科学研究充满艰辛和挑战，克服困难，战胜挑战，成才之路越走越宽。

自尊之心，自动之力，高尚之志趣，远大之目光，严谨之生活，以及一切待人接物、处世之道，应于大学加以历练，便成全才。

——程孝刚（1892—1977年，江西宜黄人，机械专家）

科学家是追求真理、造福人类的人，应当是有道德的人。古今中外，凡在攀登科学高峰的道路上大有建树的人，都是具有高尚的道德修养的。

——叶桔泉（1896—1989年，浙江吴兴人，中医中药学家）

出国留学不是丰富知识、增长才干的唯一机会，中国幅员辽阔，地质现象多样，有数不尽的矿产资源等着开发、研究。

——田奇㻪（1899—1975年，湖南张家界人，地质学家）

一个人在青少年时代的主要任务是学习，不必过早、过高地要求自己在科学上一鸣惊人，应尽可能抓紧点滴时间，多学些基本知识，掌握一些专门技术，为将来顺利开展科研打下一个较为坚实的基础。

——张香桐（1907—2007年，河北正定人，神经生理学家）

常思人之长，己之短，有利于团结和个人进步！

——阎逊初（1912—1994年，河北高阳人，微生物学家）

成才的人，不仅肯读书，而且会读书——发现问题，解决问题。

——时钧（1912—2005年，江苏常熟人，化学工程学家）

把爱国心和事业心结合是我国科技工作者成功的关键。

——赵善欢（1914—1999 年，广东广州人，籍贯广东高要，昆虫学家）

学什么专业不重要，重要的是自己要能钻进去学好它。一个人的事业与成长不可能是一帆风顺的，不断克服困难，总会取得成功的。一个人如此，一个国家、一个民族也如此。

——陈冠荣（1915—2010 年，湖北武汉人，籍贯上海，化学工程专家）

科学技术的发展具有连续性和继承性，年青一代学术带头人群体，除了自身的努力外，还应尊重先行的老一辈科学家，相互学习，团结协作，才有可能形成。

——李正武（1916—2013年，浙江东阳人，核物理学家）

要想在现代控制理论中多做贡献，最好是研究自动控制工程出身而又掌握了现代数学，或研究数学出身又真正深入控制的工程实际中去。

——关肇直（1919—1982年，天津人，籍贯广东南海，数学家、系统与控制学家）

如果一个人不能成为一个伟大的人，这是可以原谅的，因为存在机遇和能力的问题。但是，如果不能成为普通的“一砖一瓦”，这是不能原谅的，因为只要把精力放到一件事上，就不会无作为。

——谢家麟（1920—2016年，黑龙江哈尔滨人，籍贯河北武清，加速器物理学家）

评审打分我们可要当心！要不然，一刀砍下去，就会有冤魂。

——梁晓天（1923—2009年，河南舞阳人，有机化学家）

当代大学生在成为创新型人才的道路上，要克服“三座大山”，一是要克服崇洋媚外、迷信外国的思想，敢于超越外国人；二是要克服迷信权威的思想，开启创新思维的链条；三是要克服迷信金钱的思想，不能成为金钱的奴隶。

——王守觉（1925—2016年，上海人，籍贯江苏苏州，半导体电子学家）

什么是人才？评价体系非常重要。要看他的实际能力，真才实学、真本事的，就引进来。唯学历、唯论文，不好。

——潘际銮（1927年— ，江西九江人，焊接工程专家）

我后来研究工作能做出一些成绩，重要的是得益于高中和大学期间培养出来的独立思考和自学能力。

——胡海昌（1928—2011 年，浙江杭州人，弹性力学家）

逆境可以使创造性得到超常的发挥，使人在克服危机中成长。

——周光召（1929 年—　，湖南长沙人，理论物理、粒子物理学家）

给优秀的年轻人创造良好的环境，不仅指待遇、住房和科研条件，更重要的是设法把他们推到需求刺激的风口浪尖上，只有这样，才能使他们“出彩”。

——王选（1937—2006 年，江苏无锡人，计算机专家）

育人

很多优秀科学家也是优秀的教育家，他们把培养新一代科技工作者作为自己义不容辞的职责和使命。长江后浪推前浪，青出于蓝而胜于蓝，科技事业在一代代科技工作者的接续奋斗中延续发展、蓬勃兴旺。

只“巧心”而不“劳手”，充其量不过是理论工程家；反之，不过是熟练的老工匠。因此，我们要培养二者兼备的人才。

——刘仙洲（1890—1975 年，河北顺平人，机械工程专家）

青出于蓝而胜于蓝这是一条规律！如果学生总是不超过老师，那么人类还谈什么进步！

——戴芳澜（1893—1973 年，湖北江陵人，真菌学家）

我教书育人的经验可以总结为“严、选、放、行”四个字，即严格要求，善选尖子，大胆放手，躬行实践。

——孙云铸（1895—1979 年，江苏高邮人，古生物学、地质学家）

教学有法，但无定法，贵在得法。

——杨惟义（1897—1972年，江西上饶人，昆虫学家）

自己当科学家，未必就伟大，但如果能培养出一大批科学家来倒是很伟大的。

——李继侗（1897—1961年，江苏兴化人，植物学、生态学家）

一位教书先生如果不做研究，大学课程是不可能真正教好的。他可以读很多书，写出一篇洋洋洒洒的综合评论来，但是给内行看了，就会有隔靴搔痒的感觉。

——罗宗洛（1898—1978年，浙江黄岩人，植物生理学家）

要教好书，除了要有真学问外，一要大胆，二要“少而精”，三要启发学生，识别人才。

——严济慈（1901—1996 年，浙江东阳人，物理学家）

化学教学不仅传授化学知识和技术，更要训练科学方法和思维。

——戴安邦（1901—1999 年，江苏丹徒人，无机化学家）

为人师表，道德文章，业务要精，格调要高。

——杨廷宝（1901—1982 年，河南南阳人，建筑学家）

传播科学知识不能单凭呆板的说教，而应该有生动活泼的形式和技巧，才能引人入胜，潜移默化，达到最佳效果。

——周培源（1902—1993年，江苏宜兴人，科学家、教育家、社会活动家）

名师不一定出高徒，严师才能出高徒。

——苏步青（1902—2003，浙江平阳人，数学家）

我不帮助你们挖些煤，贮藏几吨煤，我是要你们学到掌握采矿的工具和采矿的方法。

——邓叔群（1902—1970年，福建福州人，微生物学家）

对学生既要严格要求又要循循善诱，要启发他们、引导他们自己去解决问题，在关键的地方给予帮助和鼓励，而不要包办代替。

——李方训（1902—1962年，江苏仪征人，物理化学家）

要做好医学生的教师，而且还要培养出与临床相结合的基础教师，除必须熟悉基础医学外，还要有临床经验。

——谢少文（1903—1995年，上海人，籍贯浙江绍兴，微生物学家、免疫学家）

从一个国家的博物馆里，就可以看出这个国家的科学事业是否达到了国际水平。

——裴文中（1904—1982年，河北丰南人，史前考古学、古生物学家）

教育是发展科学之本，科学研究则是提高教学质量的源泉。

——刘思职（1904—1983 年，福建仙游人，生物化学家）

给学生一杯，自己要有一斗！

——徐克勤（1907—2002 年，安徽巢县人，地质学、矿床学家）

启发式教学不单纯是方法问题，也是教学理论和辩证思想的具体体现。要启发听课者的积极思维，必须由教师积极引导。

——袁见齐（1907—1991 年，江苏海门人，矿床地质学家）

教育为立国之本，而小学是基础，任务光荣，功在国家。

——张青莲（1908—2006 年，江苏常熟人，无机化学家）

教学与科研并重!

——毕德显（1908—1992 年，山东平阴人，电子学家）

我认为一个人才绝不是仅仅是有知识而已，在德、智、体三方面有一不合格，就可能成为废品。只有培养出德才兼备、体魄健康、有理想、热爱祖国、热爱社会主义、有民族自尊心、不计名利、勤劳节俭的青年一代，我们的祖国才能有更美好的明天。

——王志均（1910—2000 年，山西昔阳人，生理学家）

教学内容前后次序的安排主要是要符合学生学习的规律，要由简入繁，由易到难，要注意分散难点，分散新概念。

——徐芝纶（1911—1999年，江苏江都人，工程力学家）

讲课应该讲重点、难点、讲通其中严格的概念，着重介绍事物发展的过去和现在，以及将来的设想，启发学生思考，培养自学和独立思考问题的能力。

——王序（1912—1984年，江苏无锡人，有机化学家）

办学校一切要为学生着想，学生一辈子就听一次这门课，讲不好课会影响人家一生。

——汪堃仁（1912—1993年，安徽休宁人，生理学家、细胞生物学家）

我们培养的学生首先应该是一个全面的人，是一个爱国者，一个辩证唯物主义者，一个有文化艺术修养、道德品质高尚、心灵美好的人；其次才是一个拥有学科、专业知识的人，一个未来的工程师、专门家。

——钱伟长（1912—2010年，江苏无锡人，物理学、力学、应用数学家）

人们常说搞科研要有两个口袋，一个口袋装基础，一个口袋装应用开发，但是我认为还要多一个口袋，那就是出人才！

——黄耀曾（1912—2002年，江苏南通人，有机化学家）

做研究工作的人必须有非常广泛的知识基础，要从改变中学、大学的课程和内容开始，逐步树立正确的科学发展观，只有如此，才能满足21世纪的发展科学的需要。

——吴征铠（1913—2007年，上海人，籍贯江苏扬州，物理化学家、放射化学家）

科技领先，教育为本！

——武衡（1914—1999年，江苏徐州人，地质学家）

指导科研工作，扶植新人，这本来就是老科技工作者的责任，还要什么名、什么利？

——武迟（1914—1988年，浙江杭州人，石油化工专家）

师范院校的培养目标是中学教师。但是现在师范院校的毕业生是眼高手低，不愿做中学教师而又不见得能够很好地胜任中学的教学工作，这不能不说是我们的思想政治工作和教学工作的失败。

——王湘浩（1915—1993 年，河北安平人，代数学、计算机科学家）

培养研究生要精选苗子，宁缺毋滥，打好基础，严格要求，能力培养和科研任务结合。

——沈元（1916—2004 年，福建福州人，空气动力学家）

大学，尤其是重点大学，应肩负起为国家培养高层次拔尖人才的历史使命，重点大学应该有高水平的研究生教育。

——史绍熙（1916—2000 年，江苏宜兴人，工程热物理学家、燃烧学家）

上课必须和学生有情感交流。哪怕是最幼稚的问题，学生能问出来就好。要做一个好教师，就要全心扑在教学上。

——池际尚（1917—1994 年，湖北安陆人，岩石学家）

老师不光要传授知识，更多的是以身作范，用自己的行动来影响学生。

——董申保（1917—2010 年，北京人，籍贯江苏常州，岩石学、地质学家）

大胆放手让青年科研人员挑重担，使他们在工作中学习，在工作中提高，通过“以老带新，层层带动”，帮助青年一代迅速成长。

——穆恩之（1917—1987 年，江苏丰县人，地层古生物学家）

培养科研人才，重点应放在建立一个科学集体上，其关键尤在培养“将才”与“帅才”上。

——毛汉礼（1919—1988 年，浙江诸暨人，物理海洋学家）

人才的培育事关国家千秋大业，应从基础教育抓起，从师资入手。

——徐采栋（1919—2016 年，江西奉新人，冶金物理化学家、有色冶金专家）

学校的气氛愈自由，愈有利于发挥学生的潜力。

——李荫远（1919—2016 年，四川成都人，物理学家）

为什么在图书资料和仪器设备十分缺乏的抗战时期，西南联合大学能够培养出那么多优秀人才？原因很多，除了靠民族精神，有民主和科学的小气候之外，主要是有一支知识渊博，重视实践的师资队伍和他们带出来的优良学风。

——马杏垣（1919—2001 年，吉林长春人，地质学家）

研究生不同于大学生，要学会自学，要学会独立工作。

——涂光炽（1920—2007 年，北京人，籍贯湖北黄陂，矿床学及地球化学家）

一个人的能力是有限的，只有人才层出不穷，才有科学事业的不断繁荣。

——冯康（1920—1993 年，江苏南京人，籍贯浙江绍兴，数学家）

自然科学和技术科学的专科人才培养，要注意人文素质的提高，要注重学习人文社科知识。

——肖纪美（1920—2014年，湖南凤凰人，材料科学家）

把培养人作为学校的一个根本任务，要把学校建成教学和科研两个中心，实行教学、科研和社会生产实践三结合。

——高景德（1922—1996年，陕西佳县人，电工专家）

作为一名教授，讲课是理所当然的，不讲课是不正常的。

——黄祖洽（1924—2014年，湖南长沙人，理论物理和核物理学家）

从小学生起，就要注意对他们进行科学普及教育，对中学生、大学生和研究生，要培养他们广泛的科学兴趣和实验能力。

——唐孝威（1931 年— ，江苏无锡人，原子核物理及高能物理学家）

没有人才，就没有高科技，没有知识经济。

——曲钦岳（1935 年— ，山东烟台人，籍贯山东牟平，天体物理学家）

科研人生

勤奋

在科学上没有平坦的大道，只有不畏劳苦、沿着陡峭山路攀登的人，才有希望到达光辉的顶点。探索未知世界如同在黑暗中摸索，总会遇到难以想象的挫折和考验。勤奋刻苦、坚忍不拔是科研工作者必备的素质。

就天赋而论，我不算聪明，但我深知勤能补拙的道理。我一生之所以有些许成就，除客观条件外，主观上就要归功于勤奋。

——侯德榜（1890—1974 年，福建闽侯人，化工专家）

做学问必须踏实、勤奋、刻苦、钻研，靠自己去思考、去剖析，来不得半点虚假和骄傲。

——陈建功（1893—1971 年，浙江绍兴人，数学家）

一个人在事业上的成就，除天资外，更重要的是靠勤奋学习。

——冯泽芳（1899—1959 年，浙江义乌人，农学家）

搞科学研究要有天资，但更重要的是勤奋，二者兼而有之，才是难能可贵的。

—— 伍献文（1900—1985年，浙江瑞安人，动物学家）

灵感来之于刻苦。不肯下功夫，就会一事无成。

——柯召（1910—2002年，浙江温岭人，数学家）

一个人做学问能否成功，第一重要的是勤奋。懒人是不可能成功的！

——徐仁（1910—1992年，安徽芜湖人，古植物学家）

天才在于积累，聪明在于勤奋。

——华罗庚（1910—1985年，江苏金坛人，数学家）

那时我一天工作 12～14 小时，别人出去游玩、跳舞，我则无动于衷。主要因为我要把工作做到不输于同级的外国同学。

——裘维蕃（1912—2000 年，江苏无锡人，植物病理学家）

要取得成绩，关键还是一个“勤”字，个人天资尚在其次。只有勤奋学习，锲而不舍，才能在科学和事业上有所成就。

——任美锷（1913—2008 年，浙江宁波人，自然地理学与海岸科学家）

搞地质要腿勤、眼勤、脑勤。

——宋叔和（1915—2008 年，河北迁安人，区域岩石及有色金属矿床学家）

任何人无权白白浪费时间，一个人想做点事，就要刻苦努力，持之以恒。

——吴汝康（1916—2006年，江苏武进人，解剖学、人类学家）

勤奋是学习、工作、做学问和立身之本。

——李星学（1917—2010年，湖南郴县人，古植物学家、地层学家）

知识分子向来都是二十四小时工作的。

——柯俊（1917—2017年，浙江黄岩人，材料物理学及科学技术史学家）

对科学的热爱、献身和勤奋是最重要的，科学上的成就与所花的精力和时间成正比。

——林同骥（1918—1993 年，北京人，籍贯福建福州，流体力学家）

一个人在科学上的成就，聪明才智占三分，刻苦奋进占七分。而且在前进的道路上，要不怕艰辛，不断学习，不懈探索。

——高小霞（1919—1998 年，浙江萧山人，分析化学家）

我最大的特点就是勤奋。

——林为干（1919—2015 年，广东台山人，微波理论学家）

没有条件，自己创造条件做研究。

——曹天钦（1920—1995 年，北京人，籍贯河北束鹿，生物化学家）

我是一个残疾人……我不是天才，做出一些工作完全是下苦功夫的结果。

——陆启铿（1927—2015 年，广东佛山人，数学家）

科学是勤勉与诚实的产儿。

——管惟炎（1928—2003 年，江苏如东人，物理学家）

兴趣

科学研究最初的动力是好奇心和兴趣，随着研究的不断深入，这种好奇心和兴趣还会有增无减。在好奇心和兴趣的驱动下，科研人员探索未知的脚步从不停歇，乐此不疲。

搞研究要像谈恋爱一样，真正爱上自己所搞的工作，把自己的全部精力和时间用到研究工作中去，这样才有可能搞出点名堂来。

——钟惠澜（1901—1987 年，生于葡属东帝汶的叻利岛，籍贯广东梅县，医学家）

什么事情要做成功，一定要着迷。你着迷了，就能找到时间，就能废寝忘食。

——傅鹰（1902—1979 年，北京人，籍贯福建闽侯，物理化学家）

盐湖资源丰富得很，宝藏特别多，风光也很美。你们到柴达木去看一看，相信你们一定会爱上它的。

——柳大纲（1904—1991 年，江苏仪征人，无机化学家、物理化学家）

不论什么东西，没接触时不会发生兴趣。只要让青少年多接触地学知识，他们渐渐就会懂得，搞地质是非常有趣的，又是非常重要的。

——高振西（1907—1991年，河南荥阳人，地质学家）

一个人光有学术兴趣还远远不够，没有付出努力的人，即便再聪明也无法取得大的成就。兴趣加上勤奋才能到达光辉的顶点。

——谈家桢（1909—2008年，浙江宁波人，遗传学家）

培养研究兴趣是很重要的，但培养兴趣不可能一蹴而就，而要通过反复实践深化认识。只有这样，融会贯通，才知道应该做什么，如何去做。

——姚鑫（1915—2005年，江苏常熟人，实验生物学、肿瘤生物学家）

学工科可以救国，学文科也可以救国。但不同人有不同的兴趣、爱好。结合自己的兴趣来选择专业，可以学得更好一些，更容易出成果。

——刘东生（1917—2008年，辽宁沈阳人，籍贯天津，第四纪地质学、环境地质学家）

无论从事哪类科学研究，兴趣都是基本的动力，它使人充满热情地投入工作，以至达到废寝忘食的地步。

——郑哲敏（1924年—　，山东济南人，籍贯浙江宁波，爆炸力学、应用力学和振动专家）

兴趣第一、成绩第二。

——郭燮贤（1925—1998年，浙江杭州人，物理化学家）

学地质可解决探寻矿藏等实际问题，又可与大自然为伍，在山水间做学问也很好。

——丁国瑜（1931年—　，河北高阳人，地质学家）

我觉得科研工作者的动力无非是两方面。一个是社会和国家的需求，另一个是个人兴趣。两者都很重要。我正是将两者结合起来。

——倪嘉缵（1932年—　，浙江嘉兴人，无机化学家）

人类的需要是阳光，你的优点与特长是水和土壤，有了阳光、水和土壤，你的兴趣就会带你在事业上飞翔。没有阳光或者没有水和土壤，兴趣只能给你幻想。

——高庆狮（1934—2011年，福建厦门人，计算机科学家，计算机总体设计专家）

有些人认为兴趣是先天的，是与生俱来的，其实不然，兴趣是可以培养的，从无到有，从淡到浓，关键在于要多接触它，多下功夫。

——杨乐（1939 年—　，江苏南通人，数学家）

快乐

在探索的过程中，每个发现都会给探索者带来无与伦比的快乐和享受。在科研生涯中，有探索的艰辛，也有收获的喜悦。

为宝钢第一座高炉点火是我一生中最快乐的事情。

——周志宏（1897—1991 年，江苏丹徒人，冶金、金属材料专家）

我最大的快乐就是为培养地质科学人才奋斗到生命最后一刻！

——乐森璕（1899—1989 年，贵州贵阳人，地质学、古生物学家）

对科学家来说，最快乐的事情就是待在实验室里做实验或在图书馆里看书。

——贝时璋（1903—2009 年，浙江镇海人，生物学家）

我一生最大的快乐：永不停止，科学地探求真理。

——余瑞璜（1906—1997年，江西宜黄人，物理学家）

人生最大的幸福莫过于为最大多数人谋利益。

——涂长望（1906—1962年，湖北汉口人，气象学家）

今日我最大的欣慰，是看到我国电子事业的蓬勃发展，我的许多学生都成了电子学科技方面的骨干，在学术上有比我更大的成就。

——孟昭英（1906—1995年，河北乐亭人，电子学、物理学家）

工作就是我的生活、我的兴趣和快乐！

——沈其震（1907—1993年，重庆人，籍贯湖南长沙，医学家）

生活清苦没什么，重要的是要有所追求；人间的冷暖也没什么，关键在于要有志气。为了科学，我经历了人间种种苦楚；正是科学，使我尝到了无穷的乐趣。

——张文裕（1910—1992年，福建惠安人，高能物理学家）

一个有事业心和成就感的人，他的乐趣是无穷的，因为一个问题的解决、一个知识的掌握，马上就会有另一个问题、另一个知识在等待着你。这样永远地追求下去，生活才会充实，人生才有意义。

——雷天觉（1913—2005年，湖南浏阳人，机械学专家）

自我懂事起，我就立志要做一位大学教授，一边教书，一边从事研究工作，为国家做点有益的事，何等快乐！

——吴浩青（1914—2010年，江苏宜兴人，物理化学家）

我的工作与兴趣是一致的。进行声学研究是由我的兴趣所致，同时带给我很多乐趣。解决重要的科学难题，攻破研究中的障碍，就是我生活中最大的快乐。

——马大猷（1915—2012年，北京人，籍贯广东潮阳，物理学家）

认认真真、严谨负责地做了一辈子教师，是我人生最大的幸福。

——叶培大（1915—2011年，上海南汇人，微波通信及光纤通信专家）

栉风沐雨、饮饿劳顿、板凳硬冷、默默无闻对我来说都是快乐的。

——吴征镒（1916—2013 年，江西九江人，籍贯江苏仪征，植物学家）

看到祖国氟化学事业后继有人，是我一生最大的欣慰。

——黄维垣（1921—2015 年，福建莆田人，有机化学家）

即使有一天倒在手术室里，也将是我一生最大的幸福！

——吴孟超（1922 年—　，福建闽清人，肝胆外科专家）

黑暗中的摸索和找到光明的喜悦，既紧张又痛快。

——姜伯驹（1937 年—　，天津人，籍贯浙江苍南，数学家）

科研工作者，最大的幸福就是每天都在逼近真理。

——赵忠贤（1941 年—　，辽宁新民人，物理学家）

人生

科技工作者的人生是幸福的人生、快乐的人生，也是拼搏的人生、奋斗的人生。人生百年，转瞬即逝，我们应当追求怎样一个充满意义、富有价值的人生？

人生一征途耳，其长百年，我已走过十之七八。回首前尘，历历在目，崎岖多于平坦，忽深谷，忽洪涛，幸赖桥梁以渡。桥何名欤？曰奋斗。

——茅以升（1896—1989年，江苏镇江人，桥梁工程专家）

人生道路并不是现成的康庄大道，而仿佛是山间之蹊径，颇为崎岖曲折，有时还要披荆斩棘。

——潘菽（1897—1988年，江苏宜兴人，心理学家）

一个国家要富强，离不开工业的发达，而搞工业，离不开矿业的开发，因此我选择了地质科学作为我终生的事业。

——谢家荣（1898—1966年，上海人，地质学、矿床学家）

一个人的精力有限，如果在生活上斤斤计较，就难以开阔视野，在事业上有所建树。

——诸福棠（1899—1994 年，江苏无锡人，医学家）

怨天尤人是浪费时间。

——陈文贵（1902—1974 年，四川永川人，微生物学家）

做人首先要站稳脚跟，绝不能随波逐流。

——方俊（1904—1998 年，广东广州人，籍贯江苏武进，大地测量与地球物理学家）

名誉、地位、金钱都是人民给我们的。我们得的越多，欠人民的债越多，债是要还的。我这辈子，人民给我太多了，只有拼上老命才还得清哟!

——侯光炯（1905—1996 年，上海金山人，土壤学家）

要和人家比种田，别跟人家比过年。

——蔡昌年（1905—1991年，浙江德清人，电力系统专家）

我虽已垂暮之年，但为了我国科学事业的发展，我仍然要发挥余热，尽量多做些事情。

——袁翰青（1905—1994年，江苏南通人，有机化学家和化学史家）

虽然做了些微小工作，但以六十年商之，更属微不足道！

——王葆仁（1907—1986年，江苏扬州人，高分子化学家）

青年人首先要学为人，然后才是学为学。为人不好，为学再好，也可能成为害群之马。学为人，首先是当一个有骨气的中国人。

——章名涛（1907—1985年，浙江宁波人，电机工程学家）

人生百年，贵在抓住光阴做人、做事、做学问，言为士则，行为世范，做出成绩，方无愧于天地人。

——杨遵仪（1908—2009年，广东揭阳人，地层古生物学家）

志向不是抽象的，年轻人志当存高远，要为祖国效力。只有把自己贡献给祖国，才能从中实现自己最大的人生价值。

——傅承义（1909—2000年，北京人，籍贯福建闽侯，地球物理学家）

做事情要认真，做人要有礼貌。

——杨简（1911—1981年，广东梅县人，医学家）

人生的价值，不是看他取得了什么，而是看他贡献了什么，谁能保证自己一生不受委屈？我个人受点委屈算不了什么，只要国家兴旺发达，就心满意足了！

——陈新民（1912—1992年，安徽望江人，冶金过程物理化学家）

人生路必曲，仍须立我志，竭诚为国兴，努力不为私。

——陈芳允（1916—2000年，浙江黄岩人，无线电电子学与空间系统专家）

知识会不断翻新，但精神却可以成为一种人文的底蕴和血脉的渊源，积淀为大学和人生最可贵的力量。

——申泮文（1916—2017 年，吉林省吉林市人，籍贯广东从化，无机化学家）

我不知不觉已到晚年，我不安于寂寞，不愿放弃心爱的科学事业，晚年的奋起仍望显出光芒。

——周廷冲（1917—1996 年，浙江富阳人，生化药理学家）

我更愿意自己属马，老骥伏枥，志在千里。

——吴自良（1917—2008 年，浙江浦江人，物理冶金学家）

在科学工作和人际交往中，都会碰到各种各样的困难与烦恼。知道一点儿古今中外的事情，不会在自己碰到困难时钻牛角尖，也不会在生活中迷失方向。

——胡济民（1919—1998年，江苏如皋人，核物理学家）

一个人要是一直都在认真做事，一生其实并不长。

——黄量（1920—2013年，上海人，药物化学家）

在中华文明和先进文化的熏陶下，在日常生活和举止言行中逐渐形成俭朴、儒雅的人生习惯，不断提升自己的品格，修身、律己、齐家，而后再谋治国、平天下。

——唐有祺（1920年—　，上海人，物理化学家）

一个人必须经过一番努力的寻找、执着的追求、苦苦的思索，才能逐步树立起顺应历史潮流、与社会发展规律相适应的人生价值观。

——刘有成（1920—2016年，安徽舒城人，有机化学家）

读书是我最大的兴趣，只有读书可以使我忘掉病痛，使我的生活充实。读书是治我疾病的良方。

——谢希德（1921—2000年，福建泉州人，物理学家）

对事业专注一些，对生活简单一些，人更能有所成就，更容易快乐。

——沈天慧（1923—2011年，浙江嘉善人，籍贯浙江杭州，半导体化学家）

在我看来，以有涯之生逐无涯之知，可能是人生中最有意义、也最有乐趣的事了。

——冯端（1923 年—　，江苏南京人，籍贯浙江绍兴，凝聚态物理学家）

做科学是极端残酷的，80%的人一辈子默默无闻没有做出来。其中很多人都要经历一个漫长的“苦闷关”，做出来的就好了，做不出来时人会出现“要疯掉”的感受。

——王元（1930 年—　，浙江兰溪人，籍贯江苏镇江，数学家）

人生在世，就得与天地共同奋斗，推动社会向前进。

——曾庆存（1935 年—　，广东阳江人，气象学和地球流体力学家）

索引

后记

作为中国科学院学部“科学文化建设工程”的重要组成部分，2011 年，中国科学院学部委托中国科学院文献情报中心启动中国科学院院士文库建设工作，系统地搜集、整理并保存中国科学院院士的重要科技和文化资料，为弘扬科学精神、传播科学思想、展示中国科学院学部丰厚的历史文化、更好地发挥中国科学院学部的社会职能提供支撑。

中国科学院学部院士文库项目组在整理、发掘中国科学院院士史料的过程中，提炼了中国科学院院士们关于使命担当、治学理念、科学精神等方面的佳句千余条，本书内容即选自其中。

本书摘选 1955～1980 年间当选中国科学院院士及

两弹一星功勋奖章、国家最高科学技术奖、诺贝尔奖获得者中的中国科学院院士，共计482位。院士们精练的语言表述，或充盈着炙热的爱国情感，或闪烁着穿越时空的思维之光，使老一辈科学家热爱祖国、敢于担当、严谨治学、淡泊名利的形象跃然纸上。细细品味，终生受益；掩卷沉思，回味无穷。

中国科学院学部院士文库项目组

2019年8月